George MacDonald

Scotch Songs and Ballads

George MacDonald

Scotch Songs and Ballads

ISBN/EAN: 9783742899644

Manufactured in Europe, USA, Canada, Australia, Japa

Cover: Foto ©Thomas Meinert / pixelio.de

Manufactured and distributed by brebook publishing software (www.brebook.com)

George MacDonald

Scotch Songs and Ballads

SCOTCH SONGS
AND
BALLADS

BY
GEORGE MAC DONALD LL.D.
AUTHOR OF "DAVID ELGINBROD," "ALEC FORBES," ETC.

Aberdeen
JOHN RAE SMITH, 57 UNION STREET
1893

CONTENTS

	PAGE
Annie, She's Dowie	1
O, Lassie Ayont the Hill!	2
The Bonny, Bonny Dell	6
Nannie Braw	11
Ower the Hedge	14
Gaein' and Comin'	19
A Sang o' Zion	21
Time and Tide	22
The Waesome Carl	26
The Mermaid	32
The Yerl o' Waterydeck	37
The Twa Gordons	45
The Last Wooin'	58
Halloween	64
The Laverock	70
Godly Ballants—	
1. This Side an' That	76
2. The Twa Baubees	78
3. Wha's my Neibour?	79
4. Him wi' the Bag	82
5. The Coorse Cratur	84

	PAGE
THE DEIL'S FORHOOIT HIS AIN	87
THE AULD FISHER	92
THE HERD AND THE MAVIS	94
A LOWN NICHT	97
THE HOME OF DEATH	99
TRIOLET	101
WIN' THAT BLAWS	102
A SONG OF HOPE	105
THE BURNIE	107
HAME	110
THE SANG O' THE AULD FOWK	113
THE AULD MAN'S PRAYER	115
GRANNY CANTY	122
TIME	125
WHAT THE AULD FOWK ARE THINKING	127
GREITNA, FATHER	129
I KEN SOMETHING	131
MIRLS	133

SCOTCH SONGS AND BALLADS

ANNIE SHE'S DOWIE

Annie she's dowie, and Willie he's wae.
What can be the matter wi' siccan a twae—
For Annie she's fair as the first o' the day,
And Willie he's honest and stalwart and gay?

Oh! the tane has a daddy is poor and is proud,
And the tither a minnie that cleiks at the goud:
They lo'ed ane anither, and said their say—
But the daddy and minnie they pairtit the twae.

O LASSIE AYONT THE HILL!

O LASSIE ayont the hill,
Come ower the tap o' the hill,
Come ower the tap wi' the breeze o' the hill,
Bidena ayont the hill!
   I'm needin' ye sair the nicht,
For I'm tired and sick o' mysel'.
   A body's sel' 's the sairest weicht:
O lassie, come ower the hill!

Gien a body could be a thocht o' grace,
   And no a sel' ava!
I'm sick o' my heid and my han's and my face,
   O' my thochts and mysel' and a'.

O Lassie ayont the Hill.

I'm sick o' the warl' and a';
The win' gangs by wi' a hiss;
Throu my starin' een the sunbeams fa',
But my weary hert they miss.
 O lassie ayont the hill,
  Come ower the tap o' the hill,
  Come ower the tap wi' the breeze o' the hill;
 Bidena ayont the hill! &c.

For gien I but saw yer bonnie heid,
 And the sunlicht o' yer hair,
The ghaist o' mysel' wad fa' doun deid,
 I wad be mysel' nae mair.
 I wad be mysel' nae mair,
Filled o' the sole remeid—
 Slain by the arrows o' licht frae yer hair,
Killed by yer body and heid.
 O lassie ayont the hill! &c.

My sel' micht wauk up at the saft fitfa'
    O' my bonnie depairtin' dame;
But gien she lo'ed me ever sae sma',
    I micht bide it—the weary same;
    Noo, sick o' my body and name,
Whan it lifts its upsettin' heid,
    I turn frae the cla'es that cover my frame,
As gien they war roun' the deid.
      O lassie ayont the hill! &c.

But gien ye lo'ed me as I lo'e you,
    I wad ring my ain deid knell;
The spectre wad melt, shot through and through
    Wi' the shine o' your sunny sel'.—
    By the shine o' yer sunny sel',
By the licht aneth yer broo,
    I wad dee to mysel', ring my ain deid-bell,
And live for ever in you.

O Lassie ayont the Hill.

O lassie ayont the hill!
   Come ower the tap o' the hill,
Come ower the tap wi' the breeze o' the hill,
   For I want ye sair the nicht!
   I'm needin' ye sair the nicht,
For I'm tired and sick o' mysel'.
   A body's sel' 's the sairest weicht:
O lassie, come ower the hill!

THE BONNY, BONNY DELL

Oh ! the bonny, bonny dell, whaur the yorlin
    sings,
Wi' a clip o' the sunshine atween his wings ;
Whaur the birks are a' straikit wi' fair munelicht,
And the brume hings its lamps by day and by
    nicht ;
Whaur the burnie comes trottin' ower shingle and
    stane,
Liltin' bonny havers til 'tsel alane ;
And the sliddery troot wi' ae soop o' its tail
Is ahint the green weed's dark swingin' veil !
Oh ! the bonny, bonny dell, whaur I sang as I saw
The yorlin, the brume, and the burnie, and a'!

The Bonny, Bonny Dell.

Oh! the bonny, bonny dell, whaur the primroses wonn,
Luikin' oot o' their leaves like wee sons o' the sun;
Whaur the wild roses hing like flickers o' flame,
And fa' at the touch wi' a dainty shame;
Whaur the bee swings ower the white-clovery sod,
And the butterfly flits like a stray thoucht o' God;
Whaur, like arrow shot frae life's unseen bow,
The dragon-fly burns the sunlicht throu!
Oh! the bonny, bonny dell, whaur I sang to see
The rose and the primrose, the draigon and bee!

Oh! the bonny, bonny dell, whaur the mune luiks doon,
As gien she war hearin' a soughless tune,
Whan the flooers and the birdies are a' asleep,
And the verra burnie gangs creepy-creep;
Whaur the corn-craik craiks i' the lang-heidit rye,
And the nicht is the safter for his rouch cry;

Whaur the win' wad fain lie doon on the slope,
And the gloamin' waukens the high-reachin' hope!
Oh! the bonny, bonny dell, whaur, silent, I felt
The mune and the darkness baith into me melt!

Oh! the bonny, bonny dell, whaur the sun luiks in,
Sayin', Here awa', there awa', haud awa', sin;
Sayin', Darkness and sorrow a' work for the licht,
And the will o' God was the hert o' the nicht;
Whaur the lavcrock hings hie, on his ain sang borne,
Wi' bird-shout and tirralee hailin' the morn;
Whaur my hert ran ower wi' the lusome bliss,
That, come mirk or come winter, nocht gaed amiss!
Oh! the bonny, bonny dell, whaur the sun luikit
    in,
Sayin', Here awa', there awa', haud awa', sin!

Oh! the bonny, bonny dell, whaur aft I wad lie,
Wi' Jeanie aside me, sae sweet and sae shy!

The Bonny, Bonny Dell.

Whaur the starry gowans wi' rose-dippit tips,
War as white as her cheek and as reid as her lips;
Whaur she spread her gowd hert till she saw that
    I saw,
Syne fauldit it up and gae me it a';
Whaur o' sunlicht and munelicht she was the queen,
For baith war but middlin' withoot my Jean!
Oh! the bonny, bonny dell, whaur aft I wad lie,
Wi' Jeanie aside me, sae sweet and sae shy!

Oh! the bonny, bonny dell, whaur the kirkyard lies,
A' day and a' nicht, luikin' up to the skies;
Whaur the sheep wauken up i' the simmer nicht,
Tak a bite, and lie doon, and await the licht;
Whaur the psalms roll ower the grassy heaps;
Whaur the wind comes and moans, and the rain
    comes and weeps;
Whaur my Jeanie's no lyin' in a' the lair,
For she's up and awa' up the angels' stair!

Oh! the bonny, bonny dell, whaur the kirkyard lies,
Whaur the stars luik doon, and the nicht-wind sighs!

NANNIE BRAW

I LIKE ye weel upo' Sundays, Nannie,
    I' yer goon and yer ribbons and a';
But I like ye better on Mondays, Nannie,
    Whan ye're no sae buskit and braw.

For whan we're sittin' sae douce, Nannie,
    Wi' the lave o' the worshippin' fowk,
That aneth the haly hoose, Nannie,
    Ye micht hear a moudiwarp howk,

It *will* come into my heid, Nannie,
    O' yer braws ye are thinkin' a wee;
No a' o' the Bible-seed, Nannie,
    Nor the minister nor me.

Syne hame athort the green, Nannie,
    Ye gang wi' a toss o' yer chin;
And there walks a shadow atween's, Nannie,
    A dark ane though it be thin.

But noo, whan I see ye gang, Nannie,
    Eident at what's to be dune,
Liltin' a haveless sang, Nannie—
    I wad kiss yer verra shune.

Wi' yer silken net on yer hair, Nannie,
    I' yer bonnie blue petticoat,
Wi' yer kin'ly arms a' bare, Nannie—
    On yer ilka motion I doat.

For, oh, but ye're canty and free, Nannie,
    Airy o' hert an' o' fit!
A star-beam glents frae yer ee, Nannie;
    O' yersel' ye thinkna a bit!

Nannie Braw.

Fillin' the cogue frae the coo, Nannie,
    Skimmin' the yallow ream,
Pourin' awa' the het broo, Nannie,
    Lichtin' the lampie's leme,

Turnin' or steppin' alang, Nannie,
    Liftin' and layin' doon,
Settin' richt what's aye gaein' wrang, Nannie,
    Yer motion's baith dance and tune.

I' the hoose ye're a licht and a law, Nannie,
    A servant like him 'at's abune:
Oh! a woman's bonniest o' a', Nannie,
    Doin' what *maun* be dune!

Cled i' yer Sunday claes, Nannie,
    Fair kythe ye to mony an ee;
But cled i' yer ilka-day's, Nannie,
    Ye draw the hert frae me.

OWER THE HEDGE

I.

"Bonny lassie, rosy lassie,
    Ken ye what is care?
Had ye ever a thought, lassie,
    Made yer hertie sair?"

Johnnie said it, Johnnie seekin'
    Sicht o' Mally's face—
Keekin' i' the hedge o' holly
    For a thinner place.

"Na," said Mally, pawky smilin',
    "Nought o' care ken I;
Gien I meet the gruesome carline
    I s' haud weel ootby."

Licht o' hert ye aye are, Mally,
    As o' fut and han'!
Lang be yours sic wiselike answer
    To ony speirin' man!"

"Plain it is what ye wad hae, sir,
    Troth, its naething new!
Ye wad hae me hark to no man,
    Luik at nane but you!"

"'Deed ye wadna mock me, Mally,
    Wi' yer lauchin' ee;
Gien ye saw the thing aye bidin'
    I' the hert o' me!"

"Troth, I'm no sae pryin', laddie!
    Yon's no my concern;
Jist as sune I wad gang speirin
    What's intil yon cairn!"

"Still and on, there's ae thing, Mally,
 Ye canna help, my doo—
Ye canna haud my hert frae lo'in'
 At the hert o' you."

II.

Johnnie turned and left her,
 Listit for the war;
In a year cam' limpin'
 Hame wi' mony a scar.

Wha was that was sittin'
 On the brae, sae still?
Worn and wan and altert,
 Could it be hersel'?

Her goon was black, her eelids
　　Reid wi' greitin' sair :—
Was she wife and widow,
　　In a towmond bare?

Mally's hert played wallop,
　　Kenned him or he spak :
"Are ye no deid, Johnnie?
　　Is't yersel' come back?"

"Are ye wife or widow?
　　Tell me in a breath ;
To live yer lane is fearsome,
　　Waur nor ony death!"

"I canna be a widow
　　'At wife was never nane ;
But noo, gien ye will hae me,
　　O' wives I will be ane."

His crutch he flang it frae him—
He thochtna on his harms—
But couldna stan' withoot it,
And fell in Mally's arms.

GAEIN' AND COMIN'

Whan Andrew frae Strathbogie gaed,
    The lift was lowerin' dreary;
The sun he wadna raise his heid;
    The win' blew laich an' eerie.
In's pooch he had a plack or twa—
    I vow he hadna mony;
Yet Andrew like a linty sang,
    For Lizzie was sae bonny!
        O Lizzie, Lizzie, bonnie lassie!
        Bonny, saucy hizzy!
        What richt had ye to luik at me,
        And drive me daft and dizzy?

Whan Andrew to Strathbogie cam,
    The sun was shinin' rarely;
He rade a horse that pranced and sprang—
    I vow he sat him fairly.
And he had gowd to spend and spare,
    An' a hert as true as ony;
But his luik was doon, his sigh was sair—
    For Lizzie was sae bonny!
        O Lizzie, Lizzie, bonny hizzy!
        Aih, the sunlicht weary!
        Ye're straucht and rare—ye're fause as fair!—
        Hech, auld John Armstrong's deary!

A SANG O' ZION

Ane by ane they gang awa';
The gatherer gathers grit and sma':
Ane by ane maks ane and a'.

Aye whan ane sets doon the cup,
Ane ahint maun tak it up:
A' thegither they will sup.

Golden-heidit, ripe, and strang,
Shorn will be the hairst or lang:
Syne begins a better sang.

TIME AND TIDE

As I was walkin' on the strand,
    I spied ane auld man sit
On ane auld black rock ; and aye the waves
    Cam washin' up its fit ;
His lips they gaed as gien they wad lilt,
    But o' liltin', wae's me, was nane ;
He spak but an owercome, dreary and dreigh,
    A burden whause sang was gane :
" Robbie and Jeanie war twa bonnie bairns ;
    They played thegither i' the gloamin's hush :
Up cam the tide and the mune and the sterns,
    And pairtit the twa wi' a glint and a gush."

Time and Tide.

"What can the auld man mean," quo' I,
    "Sittin' o' the auld black rock?
The tide creeps up wi' a moan and a cry,
    And a hiss 'maist like a mock!
The words he mutters maun be the en'
    O' some weary auld-warl' sang—
A deid thing floatin' aboot in his brain,
    'At the tide will no lat gang!"

"Robbie and Jeanie war twa bonnie bairns;
    They played thegither i' the gloamin's hush:
Up cam the tide and the mune and the sterns,
    And pairtit the twa wi' a glint and a gush."

"Hoo pairtit it them, auld man?" I said;
    "Was't the sea cam up ower strang?
Oh, gien thegither the twa o' them gaed,
    Their pairtin' wasna lang!
Or was ane ta'en, and the ither left—
    Ane to sing, ane to greit?

It's sair, I ken, to be sae bereft—
   But there's the tide at yer feet!"
"Robbie and Jeanie war twa bonnie bairns,
   And they played thegither i' the gloamin's hush:
Up cam the tide and the mune and the sterns,
   And pairtit the twa wi' a glint and a gush."

"Was't the sea o' space wi' its storm o' time
   That wadna lat things bide?
But Death's a diver frae heavenly clime,
   Seekin' ye 'neath its tide;
And ye'll gaze again in ither's ee,
   Far abune space and time."
Never ae word he answered me,
   But changed a wee his rime:
"Robbie and Jeanie war twa bonnie bairns,
   And they played thegither upo' the shore;
Up cam the tide and the mune and the sterns,
   And pairtit the twa for evermore."

" May be, auld man, 'twas the tide o' change
    That crap atween the twa?
Hech! that's a droonin' fearsome strange,
    Waur, waur nor ane and a'!"
He said nae mair. I luikit, and saw
    His lips they couldna gang;
Death, the diver, had ta'en him awa',
    To gie him a new auld sang.
Robbie and Jeanie were twa bonnie bairns,
    And they played thegither upo' the shore:
Up cam the tide and the mune and the sterns,
    And souft them baith throu a mirksome door!

THE WAESOME CARL

There cam a man to oor toon-en',
 And a waesome carl was he;
Snipie-nebbit, and crookit-mou'd,
 And gleyt o' ae blinterin' ee.
Muckle he spied, and muckle he spak,
 But the owercome o' his sang,
Whatever it said, was aye the same :—
 There's nane o' ye a' but's wrang.

  Ye're a' wrang, and a' wrang,
   And a'thegither a' wrang;
  There's no a man aboot the toon
   But's a'thegither a' wrang.

The Waesome Carl.

That's no the gait to fire the breid,
    Nor yet to brew the yill;
That's no the gait to haud the pleuch,
    Nor yet to ca the mill;
That's no the gait to milk the coo,
    Nor yet to spean the calf;
Nor yet to tramp the girnel-meal—
    Ye kenna yer wark by half!
        Ye're a' wrang, &c.

The minister wasna fit to pray,
    And lat alane to preach;
He nowther had the gift o' grace,
    Nor yet the gift o' speech.
He mind't him o' Balaäm's ass,
    Wi' a differ ye may ken:
The Lord he opened the ass's mou',
    The minister opened's ain.

He was a' wrang, and a' wrang,
And a'thegither a' wrang;
There wasna a man aboot the toon
But was a'thegither a' wrang!

The puir precentor couldna sing,
   He gruntit like a swine;
The verra elders couldna pass
   The ladles till his min'.
And for the rulin' elder's grace,
   It wasna worth a horn;
He didna half uncurse the meat,
   Nor pray for mair the morn.
      He was a' wrang, &c.

And aye he gied his nose a thraw,
   And aye he crook't his mou';
And aye he cockit up his ee,
   And said—Tak tent the noo.

The Waesome Carl.

We snichert hint oor loof, man,
    But never said him nay;
As gien he had been a prophet, man,
    We loot him say his say :
        Ye're a' wrang, &c.

Quo' oor gudeman : The crater's daft !—
    Heard ye ever sic a claik ?
Lat's see gien he can turn a han',
    Or only luik and craik.
It's true we maunna lippen till him—
    He's fairly crack wi' pride ;
But he maun live—we canna kill him—
    Gien he can work, he s' bide.
        He was a' wrang, and a' wrang,
        And a'thegither a' wrang ;
        There, troth, the gudeman o' the toon
        Was a'thegither a' wrang !

Quo' he, It's but a laddie's turn,
　　But best it be a sma' thing :
There's a' thae weyds to gather and burn—
　　And he's the man for a' thing !—
We yokit for the far hill-moss—
　　There was peats to cast and ca ;
O' 's company we thocht na loss,
　　'Twas peace till gloamin'-fa' !
　　　　We war a' wrang, and a' wrang,
　　　　And a'thegither a' wrang ;
　　　　There wasna man aboot the toon
　　　　But was a'thegither a' wrang !

For, losh, or it was denner-time,
　　The toon was in a low !
The reek rase up as it had been
　　Frae Sodom-flames, I vow.
We lowst and rade like mad, for byre
　　And ruck bleezt a'thegither,

As gien the deil had broucht the fire
　　Frae hell to mak anither!
　　　　'Twas a' wrang, and a' wrang,
　　　　And a'thegither a' wrang;
　　　　Ilk stick and strae aboot the place
　　　　Was a'thegither a' wrang!

And there, wi' 's han's aneath his tails,
　　The waesome carl stude;
To see him wagglin' at thae tails,
　　It maisthan' drave us wud.
It's yer ain wite; I tauld ye sae!
　　Ye're a' wrang to the last:
What gart ye burn thae deevilich weyds
　　Whan the win' blew frae the wast?
　　　　Ye're a' wrang, and a' wrang,
　　　　And a'thegither a' wrang;
　　　　There's no a man i' this fule warl'
　　　　But's a'thegither a' wrang!

THE MERMAID

Up cam the tide wi' a burst an a whush,
    And back gaed the stanes wi' a whurr;
The king's son walkit i' the evenin' hush,
    To hear the sea murmur and murr.

Straucht ower the water slade frae the mune
    A glimmer o' cauld weet licht;
Ane o' her horns rase the water abune,
    And lampit across the nicht.

Quhat's that, and that, far oot i' the gray,
    The laich mune bobbin' afore?
It's the bonny sea-maidens at their play—
    Haud awa, king's son, frae the shore.

The Mermaid.

Ae rock stude up like an auld aik-root;
    The king's son he steppit ahin';
The bonny sea-maidens cam gambolin' oot,
    Kaimin' their hair to the win'.

O merry their lauch whan they felt the warm sand,
    For the lichtsome reel sae meet!
Ilk ane flung her kaim frae her pearly hand,
    And tuik til her pearly feet.

But ane whause beauty was dream and spell,
    Her kaim on the rock she cuist;
Her back was scarce turnt whan the munelicht shell
    Was lyin' i' the prince's breist.

The cluds grew grim as he watched their game,
    And the win' blew an angry tune;
Ane after ane tuik up her kaim,
    And seaward gaed dancin' doon.

But ane, wi' hair like the mune in a clud,
    Was left by the rock her lane,
Wi' flittin' han's like a priest she stude,
    'Maist veiled in a rush o' rain.

She spied the prince, and sank at his feet,
    Dumb like a wraith o' snaw
Meltin' awa' i' the win' and weet
    O' a wastin' wastlin thaw.

He liftit her, trimlin' wi' houp and dreid;
    Hame wi' his prize he gaed;
And laid her doon, like a witherin' weed,
    Saft on a gowden bed.

A' that nicht, and a' day the neist,
    She never liftit heid;
Quaiet lay the sea, and quaiet lay her breist,
    And quaiet lay a' the deid.

But quhan at the gloamin' a sea-breeze keen
    Blew into the glimsome room,
Like twa settin' stars she opened her een,
    The sea-flower began to bloom.

The king's son he kneelit aside her bed.—
    Afore the mune was new,
Careless and cauld she was wooed and wed;—
    But a winsome wife she grew.

And a' gaed weel till their bairn was born,
    And syne she couldna sleep;
She wad rise at midnicht, and wan'er till morn,
    Hark-harkin' the sough o' the deep.

Ae nicht whan the win' was ravin' aboot,
    And the winnocks war speckled wi' faem,
Frae room to room she gaed in and oot,
    And she spied her pearly kaim.

She twined up her hair wi' eager hands,
    And in wi' the rainbow kaim!
She's oot, and she's aff ower the shinin' sands,
    And awa to her moanin' hame!

The prince he startit whaur he lay,
    He waukit, and was himlane!
He soucht far intil the mornin' grey,
    But his bonny sea-wife was gane.

Ever and aye i' the mirk or the mune,
    Whan the win' blew saft frae the sea,
The sad shore up and the sad shore doon
    By the lanely rock paced he.

But never more on the sands to play
    Cam the maids o' the merry, cauld sea;
He heard them lauch far oot i' the bay,
    But hert-alane gaed he.

THE YERL O' WATERYDECK

The wind it blew, and the ship it flew;
   And it was "Hey for hame!"
But up an' cried the skipper til his crew,
   "Haud her oot ower the saut sea faem."

Syne up an' spak the angry king:
   "Haud on for Dumferline!"
Quo the skipper, "My lord, this maunna be—
   I'm king on this boat o' mine."

He tuik the helm intil his han';
   He left the shore un'er the lee;
Syne croodit sail, an', cast an' south,
   Stude awa' richt oot to sea.

Quo the king, "There's treason i' this, I vow ;
   This is something un'erhan' !—
'Bout ship !" Quo the skipper, "Yer grace forgets
   Ye are king but o' the lan' !"

Oot he held to the open sea
   Quhill the north wind flaughtered an' fell ;
Syne the east had a bitter word to say,
   That waukent a watery hell.

He turned her heid intil the north :
   Quo the nobles : "He s' droon, by the mass !"
Quo the skipper : "Haud aff yer lady-han's,
   Or ye'll never see the Bass."

The king creepit doon the cabin-stair
   To drink the gude French wine ;
An' up cam his dochter, the princess fair,
   An' luikit ower the brine.

She turnt her face to the drivin' snaw,
    To the snaw but and the weet;
It claucht her snood, an' awa' like a clud,
    Her hair drave oot i' the sleet.

She turnt her face frae the drivin' win':—
    "Quhat's that aheid?" quo she.
The skipper he threw himsel' frae the win',
    An' he drove the helm alee.

"Put to yer han', my lady fair!
    Haud up her heid," quo he;
"Gien she dinna face the win' a wee mair,
    It's faurweel to you an' me!"

To the tiller the lady she laid her han',
    An' the ship laid her cheek to the blast;
They joukit the berg, but her quarter scraped
    An' they luikit at ither aghast.

Quo the skipper: "Ye are a lady fair,
    An' a princess gran' to see;
But war ye a beggar, a man wad sail
    To the hell i' yer company!"

She liftit a pale an' a queenly face;
    Her een flashed, an' syne they swam:
"An' what for no to the hevin?" she says—
    An' she turnt awa' frae him.

Bot she took na her han' frae the gude ship's helm
    Till the day begouth to daw;
An' the skipper he spak, but what was said
    It was said atween them twa.

An' syne the gude ship she lay to,
    Wi' Scotlan' far un'er the lee;
An' the king cam up the cabin-stair,
    Wi' wan face an' bluidshot ee.

The Yerl o' Waterydeck.

Laigh loutit the skipper upo' the deck;
    "Stan' up, stan' up," quo the king;
"Ye're an honest loun—an' ask me a boon
    Quhan ye gie me back this ring."

Lowne blew the win'; the stars cam oot:
    The ship turnt frae the north;
An' or ever the sun was up an' aboot,
    They war intil the firth o' Forth.

Quhan the gude ship hung at the pier-heid,
    And the king stude steady on the lan',—
"Doon wi' ye, skipper—doon!" he said;
    "Hoo daur ye afore me stan'?"

The skipper he loutit on his knee;
    The king his blade he drew:
Quo the king, "Hoo daured ye contre me?—
    I'm aboord my ain ship noo!

"Gien I hadna been yer verra gude lord,
    I wad hae thrawn yer neck!
Bot—ye wha loutit Skipper o' Doon,
    Rise up Yerl o' Waterydeck."

The skipper he rasena: "Yer grace is great;
    Yer pleesur' can heize or ding;
Wi' ae wee word ye hae made me a yerl—
    Wi' anither mak me a king."

"I canna mak ye a king," quo he,
    "The Lord alane can do that;
I snowk leise-majesty, my man!
    Quhat the deevil wad ye be at?"

Glowert at the skipper the doutsum king,
    Jalousin' aneth his croon;
Quo the skipper, "Here is yer grace's ring—
    An' yer dochter is my boon."

The Perl o' Waterydeck.

The black blude shot intil the king's face—
    He wasna bonny to see :
"The rascal skipper ! he lichtlies oor grace !—
    Gar hang him heigh on yon tree."

Up sprang the skipper an' aboord his ship ;
    He cleikit up a bitin' blade ;
He hackit at the cable that held her to the pier,
    An' he thocht it ower weel made.

The king he blew shill in a siller whustle ;
    An' tramp, tramp, doon the pier,
Cam twenty men on twenty horses,
    Clankin' wi' spur an' spear.

At the king's fute fell his dochter fair :
    "His life ye wadna spill !"
"Daur ye stan' 'twixt my hert an' my hate ?"
    "I daur, wi' a richt gude will !"

"Ye was aye to yer faither a thrawart bairn;
    But, my lady, here stan's the king!
Ye daurna luik him i' the angry face;
    A monarch's anither thing!"

"I lout to my father for his grace,
    Low on my bendit knee;
But I stan' an' luik the king i' the face,
    For the skipper is king o' me!"

She turnt; she sprang upo' the deck;
    The cable splashed i' the Forth;
Her wings sae braid the gude ship spread,
    And flew east, an' syne flew north.

Now was not this a king's dochter—
    A lady that feared no skaith—
An' a woman wi' quhilk a man micht sail
    Prood intil the port o' Death?

THE TWA GORDONS

PART I.

There was John Gordon an' Archibold,
    An' a yerl's twin sons war they.
Quhan they war ane an' twenty year auld
    They fell oot on their ae birthday.

"Turn ye, John Gordon, nae brither to me
    Turn ye, fause an' fell!
Or doon ye s' gang, as black as a lee,
    To the muckle deevil o' hell."

"An' quhat for that, Archie Gordon, I pray?
    Quhat ill hae I dune to thee?"
"Twa-faced loon, ye sall rue the day
    Ye get yer answer frae me!

" For mine 'ill be looder than Lady Janet's—
    Lood oot i' the braid daylicht ;
An' the wa' to speil is my iron mail,
    No her castle-wa' by nicht ! "

" I speilt the wa' o' her castle braw,
    I' the roarin' win' yestreen ;
An' I sat in her bower till the gloamin' sta'
    Licht-fittit ahint the mune."

" Turn ye, John Gordon—the twasum we s' twin !
    Turn ye, an' haud yer ain ;
For ane sall lie on a cauld weet bed,
    An' I downa curse again."

" O Archie, Janet is my true love—
    I notna speir leave o' thee ! "
" Gien that be true, the deevil's a sanct,
    An' ye are no tellin' a lee ! "

Their suerds they drew, an' the fire-flauchts flew,
  An' they shiftit wi' wary feet;
An' the blude ran doon, till the grun' a' roun'
  Like a verra bog was weet.

"O Archie, I hae gotten a cauld supper—
  Cauld steel—an' never a grace!
Ae grip o' yer han', afore ye gang!
  An' turn me upo' my face."

But he's turnit himsel' upo' his heel,
  An' wordless awa' he's gane;
An' the corbie-craw i' the aik abune
  Is roupin' for his ain.

PART II.

Lady Margaret, her hert richt gret,
    Luiks ower the castle wa';
Lord Archibold rides oot at the yett,
    Ahint him his merry men a'.

Wi' a' his ban', to the Holy Lan'
    He's boune wi' merry din;
His shouther's doss a Christ's cross—
    In his breist an ugsome sin.

But the cross it brunt him like the fire,
    Its burnin' never ceast;
It brunt in an' in, to win at the sin
    Lay cowerin' in his breist.

The Twa Gordons.

A mile frae the shore o' the Deid Sea,
    The army haltit ae nicht.
Lord Archie was waukrife, an' oot gaed he,
    A walkin' i' the munelicht.

Dour-like he gaed, wi' doon-hingin' heid,
    Quhill he cam, i' the licht o' the mune,
Quhaur michty stanes lay scattert like sheep,
    An' ance they worshipt Mahoun.

The scruff an' scum o' the deid shore gleamt
    An' glintit a sauty gray;
The banes o' the deid stack oot o' its bed—
    It lickit them as they lay.

He sat him doon on a sunken stane,
    An' he sighit sae dreary an' deep:
"The deevil micht rack my soul quhan I wauk,
    Gien he'd lea' me quhan I sleep.

"I would gie my soul for ever an' aye
    Intil en'less dule an' smert,
Gien I couth but sleep like a bairn again,
    An' cule my burnin' hert!"

Oot frae ahint a muckle stane
    Cam a voice like a huddy craw's:
"Behaud there, Archibald Gordon," it said;
    "Behaud—ye hae ower gude cause!"

"I'll say quhat I like," quod Archibald,
    "Be ye ghaist or deevil or quhat!"
"Tak tent, Lord Archie, gien ye be wise—
    The tit winna even the tat!"

Lord Archibald leuch wi' a lood ha, ha!
    Eerisome, grousum to hear:
"A bonny bargain auld Cloots wad hae!
    It has ilka faut but fear."

"Dune, Lord Archibald?" craikit the voice.
  "Dune, Belzie!" cried he again.—
The gray banes glimmert, the white saut shimmert—
  Lord Archie was him lane.

Back he gaed straucht, by the glowerin' mune,
  An' doon in his plaid he lay;
An' soun' he sleepit.—A ghaist-like man
  Sat by his heid quhill the day;

An' quhanever he moanit or turnit him roun',
  Or his broo began to lower,
The waukin' man i' the sleepin' man's lug
  Would rown a murgeon o' power.

An' the glint o' a smile would quiver athort
  The sleepin' cheek sae broon;
An' a tear atween the ee-lids would stert,
  An' whiles rin fairly doon.

An' aye by his lair sat the ghaist-like man,
    An' watchit his sleep a' nicht;
An' in mail rust-broon, wi' his visorne doon,
    Rade at his knee i' the fecht.

Nor anis nor twyis the horn-helmit chiel
    Saved him frae deidly dad,
An' Archie said, "Gien this be the deil,
    He's no sae black as he's ca'd."

But wat ye fu' weel, it wasna the deil
    That tuik Lord Archie's part,
But his twin-brither John, he thocht deid an' gone,
    Wi' luve like a lowe in his hert.

PART III.

Hame cam Lord Archibald, weary wicht,
    Hame til his ain countree;
An' he cried, quhan his castle rase in sicht,
    "Noo Christ me sain an' see!"

He turnit him roun': the man in rust-broon
    Was gane, he saw nocht quhair.
At the ha' door, he lichtit him doon—
    Lady Margaret met him there.

Reid, reid war her een, but heich was her mien,
    An' her words war sharp and sair:
"Welcome, Archie, to dule and tene,
    An' welcome ye s' get nae mair!

"Quhaur is yer twin, Lord Archibold,
    That lay i' my body wi' thee?
I miss my mark gien he liesna stark,
    Quhaur the daylicht comesna to see!"

Lord Archibald dochtna speik a word,
    For his hert was like a stane;
He turnt him awa'—an' the huddy craw
    Was roupin' for his ain.

"Quhaur are ye gaein, Lord Archie," she said,
    "Wi' yer lips sae white an' thin?"
"Mother, gude bye, I'm gaein to lie
    Ance mair wi' my body-twin."

Up she brade, but awa' he gaed,
    Straught for the corbie-tree;
For quhaur he had slain he thoucht to slay,
    An' cast him doon an' dee.

"God guide us!" he cried, wi' gastit rair,
  "Has he lien there ever sin' syne?"
An' he thocht he saw the banes, pykit an' bare,
  Throu the cracks o' his harness shine.

"O Johnnie! my brither!" quo' Archibald,
  Wi' a hert-upheavin' mane,
"I wad pit my soul i' yer wastit corp,
  To see ye alive again!"

"Haud there!" quod a voice frae oot the helm,
  "A man suld heed quhat he says!"
An' the joints they grippit an' tore the gerse,
  As up the armour rase :—

"Soul ye hae nane to ca' yer ain,
  An' its time to haud yer jaw!
The sleep it was thine, an' thy soul it is mine—
  And, deil Archie, come awa'!"

"Auld Hornie," quod Archie, "twa words to that:
   My burnin' hert burns on;
An' the sleep, weel I wat, was nae reek frae thy pat,
   For aye I was dreamin' o' John!

"But I carena a plack for a soul sae black—
   Here's me! tak me an' bore me;
Put fire i' my breist an' fire at my back—
   But ae minute set Johnny afore me!"

The gantlets grippit the helm sae stoot,
   An' aff the airn they threw;
An' John himsel' keekit smilin' oot:—
   "O Archie, I hae ye noo!

"Yer soul is mine, brither Archie: thaur!
   I yield it ye back again!
Never a deevil cam near ye, waur
   Nor a brither o' yer ain!"

Doon fell Archibald on his knee
    On the ower-green, bluid-fed sod :
" The soul that my brither gies back to me
    Sall be thine for ever, O God ! "

THE LAST WOOIN'

"O lat me in, my bonny lass!
    It's a lang road ower the hill;
And the flauchterin' snaw begud to fa'
    On the brig ayont the mill."

"This is nae change-hoose, John Munro."
    "I'll ken that to my cost,
Gien ye gar me tak the hill the nicht,
    Wi' snaw on the back o' frost.

But tell me, lass, what's my offence."
    "Weel ken ye! At the fair
Ye lichtlied me! Ay, twasna ance!—
    Ye needna come nae mair!"

"I lichtlied ye?"—"Abune the glass."
    "Foul-fa' the ill-faured mou
That made the leein' word to pass
    By rowin' 't i' the true!

"The trouth was this: I dochtna bide
    To hear yer bonnie name
Whaur lawless mous war openit wide
    In ill-tongued scoff and blame;

"And what I said was: 'Hoot! lat sit;
    She's but a bairn, the lass!'
It turnt the spait o' words a bit,
    And loot yer fair name pass."

"Thank ye for naething, John Munro!
    My name can gang or bide;
No ilka sough would be eneuch
    To turn my heid aside!"

"O Elsie, lassie, be yersel'!
  The snaw-stour's driftin' thrang;
O tak me in, the win' 's sae snell,
  And in an hour I'll gang."

"I downa pay ye guid for ill,
  For ye heedna fause and true;
Gang back to Katie at the mill—
  She lo'es sic like as you."

He turnt his fit; she heard nae mair.
  The lift was like to fa';
And Elsie's hert grew grit and sair
  At sicht o' the drivin' snaw.

She laid her doon, but no to sleep—
  Her verra hert was cauld;
And the sheets war like a frozen heap
  O' drift aboot her faul'd.

She rase fu' ear'; the warl' lay fair
　　And still in its windin' sheet;
At door-cheek, nor at winnock-lug,
　　Was ever a mark o' feet!

She crap for days aboot the hoose,
　　Dull-fitit and hert-sair,
Aye keekin' oot like a hungert moose—
　　But Johnnie was na there.

Lang or the spring begoud to thow
　　The waesome, sick-faced snaw,
Her hert was saft a' throu and throu,
　　Her pride had ta'en a fa'.

And whan the wraiths war halflins gane,
　　And the sun was blinkin' bonnie,
Oot ower the hill she wad gang her lane,
　　To speir aboot her Johnnie.

Half ower, she cam intil a lair
    O' snaw and slush and weet:
The Lord hae mercy! what's that there?
    It was Johnnie at her feet!

Aneth the snaw his heid was smorit,
    But his breist was maistly bare;
And 'twixt his richt han' and his hert,
    Lay a lock o' gouden hair.

The warm win' blew, the blackcock flew,
    The lerrick muntit the skies;
The burnie ran, and a baein' began,
    But Johnnie wouldna rise.

The sun was clear, the lift was blue,
    The winter was awa';
Up cam the green gerse plentifu',
    The better for the snaw;

The Last Wooin'.

And warm it happit Johnnie's grave,
   Whaur gouden the ae lock lay ;
But on Elsie's heid white grew the lave,
   Or the barley's beard was gray.

HALLOWEEN

Sweep up the flure, Janet;
    Put on anither peat.
It's a lown and a starry nicht, Janet,
    And nowther cauld nor weet.

It's the nicht atween the Sancts and Souls
    Whan the bodiless gang aboot;
And it's open hoose we keep the nicht
    For ony that may be oot.

Set the cheirs back to the wa', Janet;
    Mak ready for quaiet fowk.
Hae a'thing as clean as a windin' sheet:
    They comena ilka ook.

Halloween.

There's a spale upo' the flure, Janet;
    And there's a rowan-berry!
Sweep them intil the fire, Janet,
    Or they'll neither come nor tarry.

Syne set open the outer door—
    Wide open for wha kens wha?
As ye come ben to your bed, Janet,
    Set it open to the wa'.

She set the cheirs back to the wa',
    But ane that was o' the birk;
She sweepit the flure, but left the spale—
    A lang spale o' the aik.

The nicht was lowne; the stars sae still
    War glintin' doon the sky;
The souls crap oot o' their mooly graves,
    A' dank wi' lyin' by.

They faund the door wide to the wa',
    And the peats blawn rosy reid :
They war shuneless feet gaed in and oot,
    Nor clampit as they gaed.

The mither she keekit but the hoose,
    Saw what she ill could say ;
Quakin' did slide doon by Janet's side,
    And gaspin' there she lay.

There's ane o' them sittin' afore the fire !
    Ye wadna hearken to me !
Janet, ye left a cheir by the fire,
    Whaur I tauld ye nae cheir suld be !

Janet she smilit in her minnie's face :
    She had brunt the roden reid ;
And she left aneth the birken cheir
    The spale frae a coffin-lid.

Saft she rase and gaed but the hoose,
　　And ilka door did steik.
Three hours gaed by, and her minnie heard
　　Sound o' the deid nor quick.

Whan the gray cock crew, she heard on the floor
　　The fa' o' shuneless feet;
Whan the rud cock crew, she heard the door,
　　And a sough o' win' and weet.

Whan the gowd cock crew, Janet cam back—
　　Her face it was gray o' ble;
Een starin' wide, by her mither's side,
　　She lay doon like ane to dee.

Her white lips had na a word to say,
　　Nae mair nor the soulless deid;
Seven lang days and nichts she lay,
　　And never a word she said.

Syne suddent, as oot o' a sleep, she brade,
    Smilin' richt winsomely;
And she spak, but her word it was far and strayit,
    Like a whisper come ower the sea.

And never more did they hear her lauch,
    Nor ever a tear doon ran;
But a smile aye flittit aboot her face,
    Like the mune on a water wan.

And ilka nicht atween Saucts and Souls,
    She laid the doors to the wa';
Blew up the fire, and set the cheir,
    And loot the spale doon fa'.

And at midnicht she gaed but the hoose,
    Aye steekin door and door.
Whan the gowd cock crew, quaiet as a moose
    She cam creepin' ower the flure.

Mair wan grew her face, and her smile mair sweet,
    Quhill the seventh All Sancts' eve :
Her mother she heard the shuneless feet,
    Said, She'll be ben belyve !

She camna ben.   Her minnie rase ;
    For fear she maist coudna stan' ;
She grippit the wa', and but she gaed—
    For the gowden cock had crawn.

Janet sat smilin' upo' the cheir,
    White as the day did daw ;
But her smile was a sunglint left on the sea
    Whan the sun himsel is awa'.

THE LAVEROCK

The Man says:

Laverock i' the lift,
Hae ye nae sang-thrift,
'At ye scatter 't sae heigh, and lat it a' drift?
      Wasterfu' laverock!

Dinna ye ken
'At ye hing ower men
Wha haena a sang or a penny to spen'?
      Hertless laverock!

But up there, you,
I' the bow o' the blue,
Haud skirlin on as gien a' war new!
      Toom-heidit laverock!

The Laverock.

Haith! ye're ower blythe :
I see a great scythe
Swing whaur yer nestie lies, doon i' the lythe,
Liltin laverock !

Eh, sic a soon' !
Birdie, come doon—
Ye're fey to sing sic a merry tune !
Gowkit laverock !

Come to yer nest ;
Yer wife's sair prest ;
She's clean worn oot wi' doin her best,
Rovin laverock !

Winna ye haud ?
Ye're surely mad !
Is there naebody there to gie ye a daud,
Menseless laverock ?

Come doon and conform;
Pyke an honest worm;
And hap yer bairns frae the comin storm,
    Spendrife laverock!

The Bird sings:
 My nestie it lieth
 I' the how o' a han';
 The swing o' the scythe
 'Ill miss 't by a span.

 The lift it's sae cheery!
 The win' it 's sae free!
 I hing ower my dearie,
 And sing 'cause I see.

 My wifie's wee breistie
 Grows warm wi' my sang,
 And ilk crumpled-up beastie
 Kens no to think lang.

Up here the sun sings, but
He only shines there!
Ye haena nae wings, but
Come up on a prayer.

The man sings:

Ye wee daurin cratur,
Ye rant and ye sing
Like an oye o' auld Natur
Ta'en hame by the king!

Ye wee feathert priestie,
Yer bells i' yer thro't,
Yer altar yer breistie,
Yer mitre forgot—

Offerin' and Aaron,
Ye burn hert and brain;
And dertin and daurin,
Flee back to yer ain!

Ye wee minor prophet,
It 's 'maist my belief
'At I 'm doon in Tophet,
And you abune grief!

Ye 've deavt me and daudit,
And ca'd me a fule:
I 'm nearhan' persuaudit
To gang to your schule.

For, birdie, I 'm thinkin
Ye ken mair nor me—
Gicu ye haena been drinkin,
And sing as ye see.

Ye maun hae a sicht 'at
Sees gey an' far ben;
And a hert, for the micht o' 't,
Wad sair for nine men!

Somebody 's been til
Roun to ye wha
Said birdies war seen til
E'en whan they fa'!

GODLY BALLANTS

I.—THIS SIDE AN' THAT.

The rich man sat in his father's seat—
    Purple an' linen, an' a'thing fine!
The puir man lay at his gate i' the street—
    Sairs an' tatters, an' weary pine!

To the rich man's table ilk dainty comes;
    Mony a morsel gaed frae't, or fell;
The puir man fain wad hae dined on the crumbs,
    But whether he got them I canna tell.

Servants prood, saft-fittit, an' stoot,
    Stan' by the rich man's curtained doors;
Maisterless dogs 'at rin aboot
    Cam to the puir man an' lickit his sores.

The rich man dee'd, an they buried him gran';
   In linen fine his body they wrap;
But the angels tuik up the beggar man,
   An' laid him doon in Abraham's lap.

The guid upo' this side, the ill upo' that—
   Sic was the rich man's waesome fa'!
But his brithers they eat, an' they drink, an' they chat,
   An' carena a strae for their father's ha'.

The trowth's the trowth, think what ye will;
   An' some they kenna what they wad be at;
But the beggar man thoucht he did no that ill,
   Wi' the dogs o' this side, the angels o' that.

II.—THE TWA BAUBEES.

Stately, lang-robit, an' steppin at ease,
    The rich men gaed up the temple ha';
Hasty, an' grippin her twa baubees,
    The widow cam efter, booed an' sma'.

Their goud rang lood as it fell, an' lay
    Yallow an' glintin, bonnie an' braw;
But the fowk roon' the Maister h'ard him say
    The puir body's baubees was mair nor it a'.

III.—WHA'S MY NEIBOUR?

Doon frae Jeruslem a traveller took
    The laigh road to Jericho;
It had an ill name an' mony a crook,
    It was lang an' unco how.

Oot cam the robbers, an' fell on the man,
    An' knockit him on the heid,
Took a' whauron they could lay their han',
    An' left him nakit for deid.

By cam a minister o' the kirk:
    "A sair mishanter!" he cried;
"Wha kens whaur the villains may lirk!
    "I s' haud to the ither side."

By cam an elder o' the kirk ;
    Like a young horse he shied :
"Fie ! there's a bonny mornin's wark !"
    An' he spangt to the ither side.

By cam ane gaed to the wrang kirk ;
    Douce he trottit alang.
"Puir body !" he cried, an' wi' a yerk
    Aff o' his cuddy he sprang.

He ran to the body, an' turned it ower :
    "There's life i' the man !" he cried.
He wasna ane to stan' an' glower,
    Nor haud to the ither side !

He doctored his wounds, an' heised him on
    To the back o' the beastie douce ;
An' heild him on till, a weary man,
    He langt at the half-way hoose.

He ten'd him a' nicht, an' at dawn o' day:
  "Lan'lord, latna him lack;
"Here's auchteen pence!—an' ony mair ootlay,
  "I'll sattle 't as I come back."

Sae tak til ye, neibours; ye hear the word—
  It's a true bit o' God's ain spell;
"Wha is my neibour?" speirna the Lord;
  But, "Am I a neibour?" yersel.

IV.—HIM WI' THE BAG.

Ance was a woman whase hert was gret;
    Her love was sae dumb it was 'maist a grief;
She brak the box—it's tellt o' her yet—
    The bonny box for her hert's relief.

Ane was there whase tale's but brief,
    Yet was ower lang, the gait he cawed;
He luikit a man, and was but a thief,
    Michty the gear to grip and haud.

"What guid," he cried, " sic a boxfu' to blaud?
    Wilfu' waste I canna beir;
It micht hae been sellt for ten poun', I wad—
    Sellt for ten poun', and gien to the puir!"

Savin' he was, but for love o' the gear;
    Carefu' he was, but a' for himsel;
He carried the bag to his hert sae near,
    What fell i' the ane i' the ither fell.

And the strings o' his hert hang doon to hell—
    They war pu'd sae ticht aboot the mou';
And hence it comes that I hae to tell
    The warst ill tale that ever was true.

The hert that's greedy maun mischief brew,
    And the deil's pu'd the strings doon you'er in hell;
And he sauld, or the agein mune was new,
    For thirty shillins the Maister himsel!

Gear i' the hert it's a canker fell—
    Brithers, latna the siller ben;
Troth, gien ye de, I warn ye, ye'll sell
    The verra Maister or ever ye ken!

V.—THE COORSE CRATUR.

The Lord gaed wi' a crood o' men
    Throu Jericho the bonny;
'Twas ill the Son o' Man to ken
    Mang sons o' men sae mony:

The wee bit son o' man Zacchay
    To see the Maister seekit;
He speilt a fig-tree, bauld an' shy,
    An' sae his shortness ekit.

But as he thoucht to see his back,
    Roon' turnt the haill face til 'im,
Up luikit straucht, and til 'im spak—
    His hert gaed like to kill 'im.

"Come doon, Zacchay ; bestir yersel ;
  "This nicht I want a lodgin."
Like a ripe apple doon he fell,
  Nor needit ony nudgin.

But up amang the unco guid
  There rase a murmurin won'er :
"This is an unco want o' heed !
  "The man's a special sinner !"

Up spak Zacchay, his hert a bleeze :
  "Lord, half I hae, the puir they hae it ;
"Whate'er I got by tellin' lees,
  "Fourfauld for honesty I pay it."

Then Jesus said unto the man,
  "This day here comes salvation ;
"For this is ane o' Abraham's clan,"
  —Wha soucht the true fundation.

"I cam the lost to seek an' win."
—Sae here was ane he wantit !
And to the man that left his sin
He grace nor glory scantit.

THE DEIL'S FORHOOIT HIS AIN

The Deil's forhooit his ain, his ain !
The Deil's forhooit his ain !
His bairns are greitin in ilka neuk,
For the Deil's forhooit his ain.

THE Deil he took his stick and his hat,
  And his yallow gluves on he drew :
" The coal's sae dear, and the preachin sae flat !
  And I canna be aye wi' you !
      The Deil's &c.

" I s' gie ye my blessin afore I gang—
  Wi' jist ae word o' advice ;
And gien onything efter that gaes wrang,
  It'll be yer ain wull and ch'ice :—

"There's a heap o' diseases gaein aboot—
    Whiles ane, and whiles a' thegither:
Ane's ca'd Repentance—haith! haud it oot—
    It comes wi' a change o' weather.

"Luik efter your liver—that's the place
    Whaur Conscience gars fowk grin;
Some fowk has mair o' 't, and some has less—
    It comes o' breedin in.

"And there's waur nor diseases gaein aboot·—
    There's a heap o' fair-spoken lees;
And there's naething in natur'—in or oot,
    'At waur with the health agrees.

"There's what they ca' Faith, 'at wad aye be fain;
    And Houp that glowers, and tynes a';
And Love that never yet fand its ain,
    Till it turnt its face to the wa'.

"And Trouth—the sough o' a sickly win';
 And Richt—what needna be;
And Beauty—nae deeper nor the skin;
 And Blude—that's naething but bree.

"But there's ae gran' doctor for a' and mair—
 For diseases and lees in a breath :—
My bairns, I lea' ye wi'oot a care
 To yer best freen, Doctor Death.

"He'll no distress ye : as quaiet's a cat
 He grips ye, and a'thing's ower;
There's naething mair 'at ye wad be at;
 There's never a sweet nor sour.

"They ca' 't a sleep, but it's better bliss,
 For ye wauken up no more;
They ca' 't a mansion—and sae it is,
 And the coffin-lid's the door.

" Jist ae word mair—and it's *verbum sat*—
 I hae preacht it mony's the year:
Whaur there's naething ava to be frictit at,
 There's naething ava to fear.

" I dinna say 'at there isna a hell—
 To lee wad be a disgrace:
I bide there whan I'm at hame mysel,
 And it's no sic a byous ill place.

" See yon blue thing they ca' the lift—
 It's but hell turnt upside doon;
A how like a bossie, whiles fou o' drift,
 And whiles o' a rumlin soun'.

" Lat auld wives tell their tales i' the reek—
 Men hae to du wi' fac's:
There's naebody there to watch, and keek
 Intil yer wee mistaks.

"But nor ben there's naebody there,
　　Frae the yird to the farthest spark ;
Ye'll rub the knees o' yer breeks to the bare
　　Afore ye'll pray ye a sark.

"Sae fare ye weel, my bonny men !
　　And weel may ye thrive and the !
Gien I dinna see ye some time again,
　　It'll be 'at yer no to see."

He cockit his hat ower ane o' his cheeks,
　　And awa wi' a halt and a spang ;
For his tail was doon ae leg o' his breeks,
　　And his butes war a half ower lang.
　　　　　The Deil's forhooit his ain, his ain !
　　　　　　The Deil's forhooit his ain !
　　　　　His bairns are greitin in ilka neuk,
　　　　　　For the Deil's forhooit his ain.

THE AULD FISHER

There was an auld fisher—he sat by the wa',
    An' luikit oot ower the sea;
The bairnies war playin, he smil't on them a',
    But the tear stude in his e'e.
        An' it's—oh to win awa, awa,
          An' it's, oh to win awa
    Whaur the bairns come hame, an' the wives
          they bide,
        An' God is the father o' a'!

Jocky an' Jeamy an' Tammy, oot there,
    A' i' the boatie gaed doon;
An' I'm ower auld to fish ony mair,
    An' I hinna the chance to droon!
        An' it's—oh to win awa, awa! &c.

An' Jeannie she grat to ease her hert,
    An' she casit hersel awa;
But I'm ower auld for the tears to stert,
    An' sae the sighs maun blaw.
        An' it's—oh to win awa, awa! &c.

Lord, steer me hame whaur my Lord has steerit,
    For I'm tired o' life's rockin sea;
An' dinna be lang, for I'm nearhan' fearit
    'At I'm 'maist ower auld to dee.
        An' it's—oh to win awa, awa!
        An' it's, oh to win awa
Whaur the bairns come hame, an' the wives
        they bide,
        An' God is the father o' a'!

THE HERD AND THE MAVIS

"What gars ye sing," said the herd-laddie,
  "What gars ye sing sae lood?"
"To tice them oot o' the yerd, laddie,
  The worms for my daily food."
    An' aye he sang, an' better he sang,
      An' the worms creepit in an' oot;
    An' ane he tuik, an' twa he loot gang,
      An' still he carolled stoot.

"It's no for the worms, sir," said the herd;
  "They comena for your sang."
"Think ye sae, sir?" answered the bird,
  "Maybe ye're no i' the wrang."
    But aye &c.

"Sing ye young sorrow to beguile,
   Or to gie auld fear the flegs?"
"Na," quo' the mavis, "I sing to wile
   My wee things oot o' her eggs."
      An' aye &c.

"The mistress is plenty for that same gear,
   Though ye sangna air nor late."
"I wud draw the deid frae the moul sae drear,
   An' open the kirkyard-gate!"
      An' aye &c.

"Better ye sing nor a burn i' the mune,
   Nor a wave ower san' that flows,
Nor a win' wi' the glintin stars abune,
   An' aneth the roses in rows;
      An' aye &c.

"But a better sang it wud tak nor yer ain,
   Though ye hae o' notes a feck,
To mak the auld Barebanes there sae fain
   As to lift the muckle sneck !
     An' aye &c.

"An' ye wadna draw ae bairnie back
   Frae the airms o' the bonny man,
Though its minnie was greitin alas an' alack !
   An' her cries to the bairnie wan.
     An' aye &c.

"An' I'll speir ye nae mair, sir," said the herd :
   " I fear what ye micht say neist."
" I dout ye wad won'er, sir," said the bird,
   " To see the thouchts i' my breist ! "
      An' aye he sang, an' better he sang,
        An' the worms creepit in an' oot :
      An' ane he tuik, an' twa he loot gang,
        An' still he carolled stoot.

A LOWN NICHT

Rose o' my hert,
    Open yer leaves to the lampin mune;
Into the curls lat her keek an' dert;
    She'll tak the colour but gie ye tune.

Buik o' my brain,
    Open yer faulds to the starry signs;
Lat the een o' the holy luik an' strain,
    Lat them glimmer an' score 'atween the lines.

Cup o' my sowl,
    Gowd an' diamond an' ruby cup,
Ye're noucht ava but a toom dry bowl
    Till the wine o' the kingdom fill ye up.

Conscience-glass,
 Mirror the en'less All in thee;
Melt the boundered and make it pass
 Into the tideless, shoreless sea.

Warl' o' my life,
 Swing thee roun' thy sunny track;
Fire an' win' an' water an' strife—
 Carry them a' to the glory back.

THE HOME OF DEATH

" Death ! whaur do ye bide, auld Death ? "
" I bide in ilka breath,"
Quo Death ;
" No i' the pyramids,
No whaur the wormie rids
'Neth coffin-lids ;
I bidena whaur life has been,
An' whaur's nae mair to be dene."

" Death ! whaur do ye bide, auld Death ? "
" Wi' the leevin, to dee 'at are laith,"
Quo Death ;
" Wi' the man an' the wife

'At lo'e like life,
Bot strife ;
Wi' the bairns 'at hing to their mither,
Wi' a' 'at lo'e ane anither."

"Death ! whaur do ye bide, auld Death ?"
" Abune an' aboot an' aneth,"
Quo Death ;
" But o' a' the airts
An' o' a' the pairts,
In herts,
Whan the tane to the tither says, Na,
An' the north win' begins to blaw."

TRIOLET

I'm a puir man I grant,
But I am weel neiboured;
And nane shall me daunt
Though a puir man, I grant;
For I shall not want—
The Lord is my Shepherd.
I'm a puir man, I grant,
But I am weel neiboured.

WIN' THAT BLAWS

Win' that blaws the simmer plaid
Ower the hie hill's shoothers laid,
Green wi' gerse, an' reid wi' heather—
Welcome wi' yer sowl-like weather!
Mony a win' there has been sent
Oot aneth the firmament—
Ilka ane its story has;
Ilka ane began an' was;
Ilka ane fell quaiet an' mute
Whan its angel wark was oot.
First gaed ane oot throu the mirk,
Whan the maker gan to work;

Ower it gaed an' ower the sea,
An' the warl' begud to be.
Mony ane has come an' gane
Sin' the time there was but ane :
Ane was grit an' strang, an' rent
Rocks an' muntains as it went
Afore the Lord, his trumpeter,
Waukin up the prophet's ear ;
Ane was like a steppin soun'
I' the mulberry taps abune—
Them the Lord's ain steps did swing,
Walkin on afore his king ;
Ane lay dune like scoldit pup
At his feet, an' gatna up—
Whan the word the Maister spak
Drave the wull-cat billows back ;
Ane gaed frae his lips, an' dang
To the yird the sodger thrang ;

Ane comes frae his hert to mine
Ilka day to mak it fine.
Breath o' God, eh! come an' blaw
Frae my hert ilk fog awa;
Wauk me up, an' mak me strang,
Fill my hert wi' mony a sang,
Frae my lips again to stert,
Fillin sails o' mony a hert,
Blawin them ower seas dividin
To the only place to bide in.

A SONG OF HOPE

I dinna ken what's come ower me!
    There's a how whaur ance was a hert!
I never luik oot afore me,
    An' a cry winna gar me stert;
There's naething mae mair to come ower me,
    Blaw the win' frae ony airt!

For i' yon kirkyaird there's a hillock,
    A hert whaur ance was a how;
An' o' joy there's no left a mealock—
    Deid aiss whaur ance was a low!
For i' yon kirkyaird, i' the hillock,
    Lies a seed 'at winna grow.

It's my hert 'at hauds up the wee hillie—
    That's hoo there's a how i' my briest;

It's awa doon there wi' my Willie—
    Gaed wi' him whan he was releast;
It's doon i' the green-grown hillie,
    But I s' be efter it neist!

Come awa, nicht an' mornin,
    Come ooks, years, a' Time's clan;
Ye're welcome: I'm no a bit scornin!
    Tak me til him as fest as ye can.
Come awa, nicht an' mornin,
    Ye are wings o' a michty span!

For I ken he's luikin an' waitin,
    Luikin aye doon as I clim';
An' I'll no hae him see me sit greitin
    I'stead o' gaein to him!
I'll step oot like ane sure o' a meetin,
    I'll travel an' rin to him.

THE BURNIE

The water ran doon frae the heich hope-heid,
　　Wi' a Rin, burnie, rin;
It wimpled, an' waggled, an' sang a screed
　　O' nonsense, an' wadna blin,
　　Wi' its Rin, burnie, rin.

Frae the hert o' the warl', wi' a swirl an' a sway,
　　An' a Rin, burnie, rin,
That water lap clear frae the dark til the day,
　　An' singin awa did spin,
　　Wi' its Rin, burnie, rin.

Ae wee bit mile frae the heich hope-heid
    Wi' its Rin, burnie, rin,
'Mang her yows an' her lambs the herd-lassie stude,
    An' she loot a tear fa' in,
    Wi' a Rin, burnie, rin.

Frae the hert o' the maiden that tear-drap rase,
    Wi' a Rin, burnie, rin ;
Wearily clim'in up weary ways,
    There was but a drap to fa' in,
    Sae laith did that burnie rin.

Twa wee bit miles frae the heich hope-heid
    Wi' its Rin, burnie, rin,
Doon creepit a cowerin streakie o' reid,
    An' meltit awa within
    The burnie 'at aye did rin.

The Burnie.

Frae the hert o' a youth cam the tricklin reid,
    Wi' its Rin, burnie, rin;
It ran an' ran till it left him deid,
    An' syne it dried up i' the win';
    That burnie nae mair did rin.

Whan the wimplin burn that frae three herts gaed
    Wi' a Rin, burnie, rin,
Cam to the lip o' the sea sae braid,
    It curled an' grued wi' pain o' sin—
    But it tuik that burnie in.

HAME

The warl' it's dottit wi' hames
    As thick as gowans o' the green,
Aye bonnier ilk ane nor the lave
    To him wha there opent his een.

An' mony an' bonny's the hame
    That lies 'neth auld Scotland's crests;
Her hills an' her mountains they are the sides
    O' a muckle nest o' nests.

His lies i' the dip o' a muir,
    Wi' a twa three elder trees,
A lanely cot wi' a sough o' win',
    An' a simmer bum o' bees.

An' mine in a bloomin strath,
    Wi' a river rowin by,
Wi' the green corn glintin i' the sun,
    An' a lowin o' the kye.

An' yours whaur the chimleys auld
    Stan' up i' the gloamin pale
Wi' the line o' a gran' sierra drawn
    On the lift as sharp's wi' a nail.

But whether by ingle-neuk
    On a creepie ye sookit yer thumb,
Dreamin, an' watchin the blue peat-reek
    Wamle oot up the muckle lum;

Or yer wee feet sank i' the fur
    Afore a bleezin hearth,
Wi' the curtains drawn, shuttin oot the toon—
    Aberdeen, Auld Reekie, or Perth,

It's a naething, nor here nor there,
  Leal Scots are a' ane thegither!
Ilk ane has a hame, an' it's a' the same
  Whether in clover or heather!

An' the hert aye turns to the hame—
  That's whaur oor ain folk wons;
Gien they be gane, the hert hauds ayont
  Abune the stars an' the suns.

For o' a' the hames there's a hame
  Herty an' warm an' wide,
Whaur a' that maks hame ower the big roun earth
  Gangs til its hame to bide.

THE SANG O' THE AULD FOWK

Doon cam the sunbeams, and up gaed the stour,
    As we spangt ower the road at ten mile the hoor,
The horse wasna timmer, the cart wasna strae,
    And little cared we for the burn or the brae.

We war young, and the hert in's was strang i' the loup,
    And deeper in yet was the courage and houp;
The sun was gey aft in a clood, but the heat
    Cam through, and dried saftly the doon fa'en weet.

Noo, the horsie's some tired, but the road's nae sae lang;
    The sun comes na oot, but he's no in a fang;
The nicht's comin on, but hame's no far awa;
    We hae come a far road, but hae payit for a'.

For ane has been wi' us—and sometimes 'maist seen,
 Wha's cared for us better nor a' oor four e'en;
He's cared for the horsie, the man, and the wife,
 And we're gaein hame to him for the rest o' oor life.

Doon comes the water, and up gangs nae stour;
 We creep ower the road at twa mile the hoor;
But oor herts they are canty, for ane's to the fore
 Wha was and wha is and will be evermore.

THE AULD MAN'S PRAYER

Lord, I'm an auld man,
    An' I'm decin !
An' do what I can
    I canna help bein
Some feart at the thoucht !
I'm no what I oucht !
An' thou art sae gran',
Me but an auld man !

I haena gotten muckle
    Guid o' the warld ;
Though siller a puckle
    Thegither I hae harlt,
Noo I maun be rid o' 't,
The ill an' the guid o' 't !
An' I wud—I s' no back frae 't —
Rather put til 't nor tak frae 't !

It's a pity a body
　　Couldna haud on here,
Puttin cloddy to cloddy
　　Till he had a bit lan' here !—
But eh I'm forgettin
Whaur the tide's settin !
It'll pusion my prayer
Till it's no worth a hair !

It's awfu, it's awfu
　　To think 'at I'm gaein
Whaur a' 's ower wi' the lawfu,
　　Whaur 's an en' til a' haein !
It's gruesome to en'
The thing 'at ye ken,
An' gang to begin til
What ye canna see intil !

The Auld Man's Prayer.

Thou may weel turn awa,
    Lord, an' say it 's a shame
'At noo I sud ca'
    On thy licht-giein name
Wha my lang life-time
Wud no see a stime!
An' the fac' there's no fleein—
But hae pity—I'm deein!

I'm thine ain efter a'—
    The waur shame I'm nae better!
Dinna sen' me awa,
    Dinna curse a puir cratur!
I never jist cheatit—
I own I defeatit,
Gart his poverty tell
On him 'at maun sell!

Oh that my probation
    Had lain i' some region
Whaur was less consideration
    For gear mixt wi' religion!
It's the mixin the twa
'At jist ruins a'!
That kirk's the deil's place
Whaur gear glorifees grace!

I hae learnt nought but ae thing—
    'At life's but a span!
I hae warslet for naething!
    I hae noucht i' my han'!
At the fut o' the stairs
I'm sayin my prayers :—
Lord, lat the auld loon
Confess an' lie doon.

The Auld Man's Prayer.

I hae been an ill man
    Micht hae made a guid dog!
I could rin though no stan—
    Micht hae won throu a bog!
But 'twas easy gaein,
An' I set me to playin!
Dinna sen' me awa
Whaur's no licht ava!

Forgie me an' hap me!
    I hae been a sharp thorn,
But, oh, dinna drap me!
    I'll be coothie the morn!
To my brither John
Oh, lat me atone—
An' to mair I could name,
As sune's they come hame!

I hae wullt a' my gear
    To my cousin Lippit:
She needs 't no a hair,
    An' wud haud it grippit!
But I'm thinkin 't 'll be better
To gie 't a bit scatter
Whaur it winna canker
But mak a bit anchor!

Noo I s' try to sit loose
    To the warld an' its thrang!
Lord, come intil my hoose,
    For Sathan sall gang!
Awa here I sen' him—
Oh, haud the hoose agen him,
Or thou kens what he'll daur—
He'll be back wi' seven waur!

The Auld Man's Prayer.

Lord, I knock at thy yate!
    I hear the dog yowlin!
Lang latna me wait—
    My conscience is growlin!
Whaur but to thee
Wha was broken for me,
But to thee, Lord, sae gran',
Can flee an auld man!

GRANNY CANTY

"What maks ye sae canty, granny dear?
Has some kin' body been for ye to speir?
Ye luik as smilin an' fain an' willin
As gien ye had fun a bonny shillin!"

"Ye think I luik canty, my bonny man,
Sittin watchin the last o' the sun sae gran'?
Weel, an' I'm thinkin ye're no that wrang,
For 'deed i' my hert there's a wordless sang!

"Ken ye the meanin o' *canty*, my dow?
It's bein i' the humour o' singin, I trow!
An' though nae sang ever crosses my lips
I'm aye like to sing whan anither sun dips.

"For the time, wee laddie, the time grows lang
Sin' I saw the man wha's sicht was my sang—
Yer gran'father, that 's—an' the sun's last glim
Says aye to me, 'Lass, ye're a mile nearer him!'

"For he's hame afore me—an' lang's the road!
He fain at my side would hae timed his plod,
But, eh, he was sent for, an' hurried awa!
Noo, I'm thinkin he's harkin to hear my fit-fa'."

"But, grannie, yer face is sae lirkit an' thin,
Wi' a doun-luikin nose an' an up-luikin chin,
An' a mou clumpit up oot o' sicht atween,
Like the witherin half o' an auld weary mune!"

"Hoot, laddie, ye needna glower yersel blin'!
The body 'at lo'es, sees far throu the skin;
An', believe me or no, the hoor's comin amain
Whan ugly auld fowk 'ill be bonny again.

"For there is *ane*—an' it's no my dear man,
Though I lo'e him as nane but a wife's hert can—
The joy o' beholdin wha's gran' lovely face
'Ill mak me like him in a' 'at's ca'd grace.

"But what I am like I carena a strae
Sae lang as I'm *his*, an' what *he* wud hae!
Be ye a guid man, John, an' ae day ye'll ken
What maks granny canty yont four score an' ten."

TIME

A lang-backit, spilgie, fuistit auld carl
Gangs a' nicht rakin athort the warl
Wi' a pock on his back, luikin hungry an' lean,
His crook-fingert han' aye followin his e'en;
He gethers up a'thing that canna but fa'—
Intil his bag wi' 't, an' on, an' awa!
Soot an' snaw! soot an' snaw!—
Intil his bag wi' 't, an' on, an' awa!

But whan he comes to the wa' o' the warl,
Spangs up it, like lang-leggit spidder, the carl;
Up gangs his pock wi' him, humpit ahin,
For naething fa's oot 'at ance he pat in;
Syne he warstles doon ootside the flamin wa',
His bag 'maist the deith o' him, pangt like a ba';
Soot an' snaw! soot an' snaw!
His bag 'maist throttlin him, pangt like a ba'!

Doon he draps weary upon a laigh rock,
Flingin aside him his muckle-mou'd pock;
An' there he sits, his heid in his han',
Like a broken-hertit, despairin man;
Him an' his pock no bonny, na, na!
Him an' his pock an ugsome twa!
Soot an' snaw! soot an' snaw!
Him an' his pock an ugsome twa!

But sune's the first ray o' the sunshine bare
Lichts on the carl, what see ye there?
An angel set on eternity's brink,
Wi' e'en to gar the sun himsel blink;
By his side a glintin, glimmerin urn,
Furth frae wha's mou rins a liltin burn:—
Soot an' snaw! soot an' snaw!
The dirt o' the warl rins in glory awa!

WHAT THE AULD FOWK ARE THINKIN

The bairns i' their beds, worn oot wi' nae wark,
    Are sleepin, nor ever an eelid winkin;
The auld fowk lie still wi' their een starin stark,
    An' the mirk pang-fou o' the things they're thinkin.

Whan oot o' ilk corner the bairnies they keek,
    Lauchin an' daffin, airms loosin an' linkin,
The auld fowk they watch frae the warm ingle-cheek,
    But the bairns little think what the auld fowk are thinkin.

Whan the auld fowk sit quaiet at the reet o' a stook,
    I' the sunlicht their washt een blinterin an' blinkin,
Fowk scythin, or bin'in, or shearin wi' heuk
    Carena a strae what the auld fowk are thinkin.

At the kirk, whan the minister's dreich an' dry,
    His fardens as gien they war gowd guineas chinkin,
An' the young fowk are noddin, or fidgetin sly,
    Naebody kens what the auld fowk are thinkin.

Whan the young fowk are greitin aboot the bed
    Whaur like water throu san' the auld life is sinkin,
Whan some would say the last word was said,
    The auld fowk smile, an' ken what they're thinkin.

GREITNA, FATHER

Greitna, father, that I'm gauin,
    For fu' weel ye ken the gact;
I' the winter, corn ye're sawin,
    I' the hairst again ye hae't.

I'm gauin hame to see my mither;
    She'll be weel acquant or this!
Sair we'll muse at ane anither
    'Tween the auld word an' new kiss!

Love I'm doobtin may be scanty
    Roun' ye efter I'm awa:
Yon kirkyard has happin plenty
    Close aside me, green an' braw!

An' abune there's room for mony ;
   'Twasna made for ane or twa,
But was aye for a' an' ony
   Countin love the best ava.

There nane less ye'll be my father ;
   Auld names we'll nor tyne nor spare !
A' my sonship I maun gather
   For the Son is king up there.

Greitna, father, that I'm gauin,
   For ye ken fu' weel the gaet !
Here, in winter, cast yer sawin,
   There, in hairst, again ye hae 't !

I KEN SOMETHING

What gars ye sing sae, birdie,
    As gien ye war lord o' the lift?
On breid ye're an unco sma' lairdie,
    But in hicht ye've a kingly gift!

A' ye hae to coont yersel rich in
    'S a wee mawn o' glory-motes!
The whilk to the throne ye're aye hitchin
    Wi' a lang tow o' sapphire notes!

Ay, yer sang's the sang o' an angel
    For a sinfu' thrapple no meet,
Like the pipes til a heavenly braingel
    Whaur they dance their herts intil their feet.

But though ye canna behaud, birdie,
    Ye needna gar a'thing wheesht!
I'm noucht but a hirplin herdie,
    But I hae a sang i' my breist!

Len' me yer throat to sing throu,
    Len' me yer wings to gang hie,
And I'll sing ye a sang a laverock to cow,
    And for bliss to gar him dee!

MIRLS

The stars are steady abune;
    I' the water they flichter and flee;
But, steady aye, luikin doon
    They ken themsels i' the sea.

A' licht, and clear, and free,
    God, thou shinest abune;
Yet luik, and see thysel in me,
    Aye on me luikin doon.

Throu the heather an' how gaed the creepin thing,
But abune was the waff o' an angel's wing.

Whaur's nor sun nor mune,
Laigh things come abune.

>Hither an' thither, here an' awa,
> Into the dub ye maunna fa';
>Oot o' the dub wad ye come wi' speed,
> Ye maun lift yer han's abune yer heid.

>My thouchts are like worms in a starless gloamin;
> My hert's like a sponge that's fillit wi' gall;
>My soul's like a bodiless ghaist sent a roamin
> I' the haar an' the mirk till the trumpet call.
>
>Lord, turn ilk worm til a butterflee,
> Wring oot my hert, an' fill 't frae thy ain;
>My soul syne in patience its weird will dree,
> An' luik for the mornin throu the rain.

FINIS.

www.ingramcontent.com/pod-product-compliance
Lightning Source LLC
Chambersburg PA
CBHW020059170426
43199CB00009B/336